DÉJAZET

Paris. — Typ. de Balitet rue Git-le-Cœur, 7

DÉJAZET.

LES CONTEMPORAINS

DÉJAZET

PAR

EUGÈNE DE MIRECOURT

PARIS

GUSTAVE HAVARD, ÉDITEUR

19, BOULEVARD DE SÉBASTOPOL
rive gauche

L'Auteur et l'Éditeur se réservent tous droits de reproduction.

1859

DÉJAZET

Il est certaines femmes privilégiées, au berceau desquelles est venue s'asseoir une fée bienveillante, afin de les douer des plus nobles qualités du cœur, des finesses les plus exquises de l'esprit, des plus riches dons de la grâce.

Elles sont nées pour être heureuses et

pour distribuer le bonheur à ceux qui les entourent.

Leur existence est une étoile splendide qui brille dans un éternel azur.

Jamais un nuage de tristesse n'est descendu sur leur front; jamais elles n'ont traversé la région des larmes. Elles restent, au soir de la vie, ce qu'elles étaient à l'aurore, folles, souriantes, adorées; elles séduisent jusqu'au vieux Saturne lui-même, qui leur épargne les rides, ou qui, tout exprès pour elles, les change de place et les met sous le talon, comme il faisait à Ninon de Lenclos.

Mademoiselle Virginie Déjazet, l'héroïne de ce petit livre, peut se reconnaître au portrait que nous traçons.

La muse du vaudeville l'a bercée tout enfant sur ses genoux et lui a donné pour jouet sa marotte légère.

Virginie bégaya son premier rôle sur le théâtre du jardin des Capucines, dont les hôtels de la rue de la Paix usurpent aujourd'hui l'emplacement.

Elle attira la foule par sa gentillesse précoce. Les ex-roués du Directoire lui jetaient, au lieu de fleurs, des cornets remplis de pralines, que la débutante allait croquer dans les coulisses.

Il y avait alors à Paris deux théâtres destinés aux jeunes élèves. L'un était situé rue de Bondy, l'autre rue de Thionville [1].

Virginie Déjazet fut engagée d'abord au

---

[1] Aujourd'hui rue Dauphine.

premier de ces théâtres, où elle devint la coqueluche des dames du carré Saint-Martin ; puis elle traversa la Seine pour aller jouer dans la seconde salle le rôle de *Fanchon la Vielleuse.*

C'était une imitation de la pièce qui faisait alors courir tout Paris au Vaudeville.

Apprenant qu'elle avait une rivale âgée de six ans, et que cette rivale menaçait de l'éclipser, la *Fanchon* de la rue de Chartres [1] eut le bon goût de ne point être jalouse, et profita d'un jour de relâche pour aller applaudir Virginie.

Elle la trouva délicieuse avec son costume de Savoyarde et sa vielle.

— Ma foi, dit-elle au directeur du Vau-

[1] Madame Belmont.

deville, à votre place j'engagerais cette petite.

— Mais, objecta celui-ci, je ne vois pas de rôle pour elle à mon théâtre.

— Dites à Dumersan et à Bouilly de vous en faire un.

Le conseil fut trouvé bon.

Quinze jours après, l'affiche annonçait la *Belle au bois dormant*. Virginie débuta au Vaudeville dans le rôle de la *Fée Nabote*.

Elle y eut beaucoup de succès.

Tous les théâtres se la disputèrent. Chacun d'eux voulait tour à tour montrer à ses spectateurs le jeune prodige.

Mais l'ardeur qu'elle apportait à l'étude de ses rôles, jointe à des représentations trop multipliées, la rendirent souffrante, et sa mère, dont elle était l'unique trésor, crut devoir l'arracher à l'exploitation parisienne.

Plusieurs villes importantes de province faisaient des offres à la jeune artiste [1].

---

[1] Nombre de biographes prétendent que les Variétés parvinrent à faire rompre à leur profit l'engagement de Virginie avec la rue de Chartres. A les entendre, on avait commandé deux pièces tout exprès pour elle : *Quinze ans d'absence* et les *Petits Braconniers*. Cela n'est point exact. Les jeunes actrices qui jouaient dans les vaudevilles dont nous venons de donner le titre étaient mesdemoiselles Aldegonde et Pauline. Déjazet endossa pour la première fois au Gymnase, et non pas aux Variétés, ce frac qu'elle porte encore aujourd'hui avec une hardiesse si gracieuse et que le public salue toujours par de nouvelles ovations. Il est également faux que Brunet et Tiercelin lui aient donné des leçons. Sans doute, ils eussent contribué avec bonheur à développer ce talent original; mais la vérité nous force à rétablir les faits dans toute leur exactitude. Le plus grand tort des biographies, jusqu'à ce jour, a été de se calquer les unes sur les autres.

Déjazet partit pour Lyon. Elle y resta six mois; puis sa mère la conduisit à Bordeaux, où elle tourna la tête aux enfants de la Garonne.

L'exercice, le grand air, les voyages, avaient rendu à Virginie toute sa fraîcheur et toute sa santé. Le petit lutin des Capucines avait grandi; la Fanchon microscopique des jeunes élèves était devenue l'actrice alerte, vive, agaçante, le charmant démon dont le pied leste brûle les planches et dont l'œil incendie les cœurs.

Vers 1820, le boulevard Bonne-Nouvelle vit bâtir une salle de spectacle.

M. Delestre-Poirson en sollicita le privilége.

Il obtint bientôt le patronage de la duchesse de Berry, et donna triomphalement à son théâtre le nom de *Théâtre de Madame*.

Pour être fin courtisan, ce directeur n'en était pas moins doué de grandes qualités administratives. Il avait du flair, et se mettait à la piste de tous les auteurs à succès, de tous les artistes de talent.

Ce fut lui qui fit la découverte de M. Scribe[1] et de Léontine Fay.

Léontine, comme Virginie, avait passé

---

[1] Le directeur du Gymnase avait collaboré avec M. Scribe au Vaudeville.

des bras de sa nourrice au théâtre, le choisissant en quelque sorte pour maison de sevrage. Ses premiers pas avaient été éclairés par les feux de la rampe, le public avait eu son premier sourire.

Mais cette pygmée gracieuse, au milieu d'acteurs géants, rendait la composition des pièces difficile.

On sentait la nécessité de lui adjoindre quelque camarade d'une taille plus en rapport avec la sienne. Le directeur du théâtre de Madame, pensant que l'entrain, la pétulance et la verve comique de l'ancienne *Fée Nabote* la rendrait très-apte à jouer les rôles de garçons, envoya bien vite à Bordeaux une lettre contenant des propositions d'engagement.

Le lendemain de la réception de cette lettre, Virginie prit la poste avec sa mère.

On la destinait à épouser, un jour, Léontine-Fay dans le *Mariage enfantin*.

Ici commence l'ère de prospérité du Gymnase. La plume de M. Scribe ne s'arrête plus.

Messieurs les auteurs dramatiques, à cette époque, étaient animés d'une émulation merveilleuse. On créa pour nos petites actrices plusieurs jolies pièces, qu'elles interprétèrent avec une grâce naïve, un comique délicieux et une verve soutenue.

Le public ne se lassait pas d'admirer ces deux miniatures vivantes.

Déjazet partagea les bravos avec Léontine dans les *Deux Collégiens* et dans la *Petite Sœur*.

La vie théâtrale est une vie de perpétuelles intrigues, où les amours-propres se heurtent, où les ambitions se froissent et où la confraternité reçoit souvent de pénibles atteintes.

Notre héroïne fut toujours au-dessus des querelles intérieures et des jalousies de coulisses.

Franche, dévouée, sincère, bonne fille avant tout, elle a résolu le problème de la conciliation perpétuelle et de l'amitié constante.

Avec beaucoup de finesse d'esprit et un

cœur plein de droiture, elle échappe aux embûches, tourne les inimitiés et change l'envie en admiration.

Tous ses camarades l'adorent.

Les femmes elles-mêmes lui pardonnent ses succès.

Quand le Gymnase modifia son répertoire et parut renoncer au genre frétillant pour adopter les pièces mélancoliques, Déjazet fit ses adieux au Gymnase.

Elle vint, sur la place de la Bourse, frapper à la porte du théâtre des Nouveautés [1].

On y accueillit avec enthousiasme la jolie transfuge.

[1] Bâti dans la rue Feydeau, à l'extrémité du passage de ce nom.

Potier, Philippe, Lepeintre, Bouffé, madame Albert, et Volnys, qui n'avait pas encore épousé Léontine, accoururent au-devant d'elle.

Cette pléiade d'artistes comprenait qu'elle allait avoir un surcroît de rayonnement.

Dès que Virginie quittait un théâtre, elle entraînait à sa suite nombre d'auteurs. C'était à qui lui composerait les plus beaux rôles. *Bonaparte à Brienne*, *Henri IV*, *Henri V*, le *Fils de l'homme*, furent pour Déjazet de magnifiques triomphes sur la nouvelle scène dont elle venait de faire choix.

Nous avons recueilli quelques anecdotes

curieuses, qui se rattachent à cette phase de l'existence de l'actrice.

La Révolution de 1830 était consommée.

Sous le règne des Bourbons personn n'osait mettre l'empereur au théâtre. Le nouveau régime donna cette hardiesse aux écrivains dramatiques. Deux hommes d'esprit, MM. Gabriel et Michel Masson, eurent l'initiative des pièces bonapartistes.

Montrer sur les planches le vainqueur d'Arcole, de Wagram et d'Austerlitz n'était pas une petite affaire.

On pouvait craindre que le public, en voyant Napoléon sous les traits de mademoiselle Déjazet, trouvât entre celle-ci et le héros une médiocre ressemblance. Aussi l'administration des Nouveautés se récria-t-elle tout d'abord et déclara le projet absurde.

Les auteurs insistèrent.

— Mais, dirent-ils, nous représenterons Bonaparte enfant.

— Très-bien ! pourquoi pas au maillot ? fit le directeur.

— Parce que Déjazet n'est plus de taille à jouer dans le jardin des Capucines, répondit Gabriel, qui ne se déconcerte pas aisément. Nous choisissons l'époque où l'empereur était élève à l'école de Brienne. Voulez-vous écouter notre œuvre ? Il est défendu de juger une pièce avant de la connaître.

Il n'y avait plus rien à répliquer. Le directeur entendit la lecture.

— Eh bien? firent les auteurs.

— Hum!... je l'avoue, l'idée ne manque pas d'un certain mérite. Mais Déjazet en Napoléon!... Vous rêvez l'impossible.

— Du tout, elle sera charmante.

— Tant qu'il vous plaira. La pièce exige une vingtaine de mille francs de dépenses; je ne veux pas exposer une pareille somme.

— Et si nous vous garantissons tous les frais?

— Les frais de votre pièce?

— De notre pièce.

— Oh! oh! c'est différent! Topez là, je vous reçois.

Chose convenue, chose faite.

Le soir même, on passe un traité revêtu de toutes les formes et offrant toutes les garanties désirables. Il faut une recette moyenne de deux mille francs pendant un mois pour que MM. Gabriel et Masson rentrent dans leurs avances.

Bientôt le secret du théâtre est connu. La curiosité publique s'éveille, et les amateurs assiégent les portes du bureau de location. Il y a une émeute sur la place de la Bourse, le soir de la première, parce qu'il est impossible de donner des places à tous ceux qui en demandent.

Les auteurs, palpitants, montent à la loge de mademoiselle Déjazet, pour juger de l'effet de son costume.

Ils trouvent auprès d'elle un monsieur vêtu d'une redingote longue, boutonnée jusqu'au menton.

Armé d'une paire de ciseaux, cet individu est en train de rogner les bords du tricorne de l'actrice, qui le regarde faire en continuant de s'habiller.

— C'est le chapelier du théâtre, dit Michel Masson à l'oreille de son collaborateur.

— Je le présume, répond Gabriel.

Le monsieur rognait toujours.

Enfin il paraît content du tricorne, le pose sur la tête de Virginie, lui baise galamment les mains, salue et quitte la loge.

— Quel est ce personnage, ma chère ? firent les auteurs.

— Vous ne le connaissez donc pas?

— Non vraiment.

— C'est le duc de X...

— Bah!... L'ancien général de l'Empire?

— Oui, et de plus, l'ami d'enfance de Bonaparte. Il était avec lui à Brienne. Vous venez de le voir faire à coups de ciseaux de la vérité historique. Suis-je gentille ainsi?

— Ravissante !

— Vous croyez toujours au succès ?

— A un succès éclatant, puisque vous jouez le rôle.

Ces messieurs ne se trompaient pas.

Jamais actrice aimée du public n'eut une ovation semblable. On rappela dix fois mademoiselle Déjazet. Les avant-scènes et les loges la couvrirent d'une pluie de couronnes.

Il va sans dire que, le soir même, l'administration reconnut ses torts et déchira le traité.

Bonaparte à Brienne a toujours été la pièce de prédilection de mademoiselle Déjazet. Elle l'a jouée cent cinquante fois à Paris et trois cents fois en province, toujours applaudie à fureur, surtout dans le grand couplet de facture où le *petit caporal*[1] raconte son rêve.

[1] Ce titre, devenu populaire, appartenait à l'élève de l'école de Brienne. Bonaparte avait, parmi ses camarades, le grade de caporal.

. . . .
Déjà la couronne est prête,
Elle brille sur l'autel.
J'y monte. Elle est sur ma tête;
Je ne suis plus un mortel.
Des rois formaient dans ce rêve
Mon cortége triomphal;
Un coup de foudre l'achève...
Je redeviens caporal!
. . . .
Le réveil, hélas! fut trop prompt.
O mes amis, Dieu me pardonne!
Je crois encor de la couronne
Sentir l'empreinte sur mon front.

Toute la pièce est dans ce sens. Elle roule entièrement sur une sorte de révélation du glorieux avenir qui attend le jeune élève. Beaucoup de mots historiques y sont placés en avant-goût avec un à-propos remarquable.

Dans une bataille à coups de boules de neige, un des camarades du petit caporal tombe, atteint par un projectile, qui le frappe en plein visage.

On emporte le blessé.

Bonaparte lève la main, suspend le combat, se découvre, et dit :

« Honneur au courage malheureux ! »

A une autre scène, il admire la gentillesse et le doux regard de la fille de son professeur, nommée Joséphine.

« Si je me marie jamais, lui dit-il, je veux une femme qui s'appelle comme vous. »

Tous ces mots étaient dits par Déjazet avec une grâce adorable et un aplomb délicieux

Bouffé-Tonneau [1], qui, dans ces derniers temps, administrait le Vaudeville et donnait les preuves d'une habileté parfaite, voulait reprendre le *Bonaparte à Brienne*, en y ajoutant un prologue, où le rêve eût été mis en action, avec toutes les pompes du couronnement de l'empereur à Notre-Dame, et l'orgue de la vieille basilique jouant le *Te Deum*. La mort le surprit avant l'exécution de ce plan, qu'un autre directeur plus heureux réalisera peut-être.

Déjazet n'est-elle pas là, toujours jeune, toujours vive, toujours sémillante et toujours adorée du public?

La célèbre actrice quitta les Nouveautés

---

[1] Surnommé de la sorte en raison de la prodigieuse quantité de champagne qu'il absorbait. Cela servait, en outre, à le distinguer de l'acteur du même nom.

en 1832, pour entrer au Palais-Royal, qu'on venait d'ouvrir sur l'emplacement de l'ancienne salle Montansier.

Nous suspendrons un instant le récit des triomphes de l'artiste pour juger la femme, que beaucoup de personnes ne connaissent pas, et contre laquelle on peut avoir des préventions injustes.

Certes, tout n'est pas rose dans la vie de théâtre.

Il faut qu'un individu de l'un ou de l'autre sexe ait le sentiment de l'art bien développé pour aborder cette carrière périlleuse, au seuil de laquelle le monde exige en quelque sorte qu'un homme abandonne sa considération et une femme sa vertu.

Dans ce préjugé, que les doctrines civilisatrices, toutes puissantes qu'elles soient, n'ont pu détruire, il y a une sorte de mauvaise foi réfléchie, de haine jalouse et d'instinct méchant, qui tendent à déshériter les artistes et à leur faire payer les succès qu'ils obtiennent par la perte de l'estime publique.

L'esprit bourgeois surtout, cette lèpre de nos jours, donne au système que nous signalons un développement fatal

Vous avez du talent et de la gloire, et vous voulez être honoré? Que nous restera-t-il, à nous, modestes industriels, pauvres commerçants, perdus dans l'ombre d'une arrière-boutique, et guettant l'acheteur, comme l'araignée guette la mouche, pour le rançonner au passage et pour entasser, sou par sou, de malheureuses rentes, dont nous jouirons seulement à l'heure de la vieillesse?

Que nous laissera-t-on, s'il vous plaît, à nous, fidèles épouses ; à nous, mères attentives, qui donnons tout au devoir et à la famille?

Allez-vous nous confondre avec ces créatures légères et volages auxquelles on prodigue l'encens et les adorations?

Elles prennent toutes les fleurs de la vie, en nous laissant les ronces, et vous osez soutenir qu'elles ont droit aux mêmes égards, à la même vénération, à la même estime?

Pourquoi pas? répondrons-nous.

Est-ce parce qu'elles ne vous semblent point honnêtes?

Mais c'est vous qui les empêchez de l'être. Vous les flétrissez d'avance par le préjugé. Fussent-elles des Lucrèce, elles ne retireraient aucun avantage de leur héroïsme, puisque vous déclarez intrépidement qu'il ne peut y avoir de vertu au théâtre.

La généralité des comédiens donne dans ce piége odieux, tendu par l'injustice, l'envie et la sottise.

Ils jettent, pour nous servir d'une expression vulgaire, le manche après la cognée, convaincus de leur impuissance à changer l'opinion et se résignant à n'être dans la société que des espèces de parias, consolés du mépris du jour par les applaudissements du soir.

Aussi doit-on regarder comme des phénomènes ceux ou celles qui, au milieu des mœurs isolées et des habitudes excentriques auxquelles on les condamne, conservent la dignité, la franchise, le désintéressement et les plus belles qualités du cœur.

Mademoiselle Déjazet est de ce nombre.

Bonne, compatissante, sensible, on l'a toujours vue prête à secourir la détresse, à soulager l'infortune.

L'or qu'elle recevait d'une main en récompense de son génie passait dans l'autre main, qui le laissait pleuvoir en bienfaits et en aumônes

Jamais elle n'a refusé de jouer pour les pauvres.

Jamais, par un caprice ou par un de ces pitoyables subterfuges que d'autres inventent, elle n'a fait manquer une représentation destinée à tirer d'embarras un artiste malheureux [1].

[1] Traversant une petite ville de province, elle apprend que la Dugazon d'une troupe nomade vient de se fouler le pied juste le matin du jour où elle avait une représentation à bénéfice. On parlait de changer le spectacle. Déjazet va regarder l'affiche, examine quelle pièce on annonce, court au théâtre, où on ne la connaît pas, et demande à remplacer la bénéficiaire. — Y songez-vous? répond le directeur; nous ne ferons rien. — Bon! dit l'actrice; je vous assure deux mille francs de recette. Préparez une bande, et écrivez dessus que mademoiselle Déjazet du Palais-Royal se charge de remplir le rôle. Comme on se l'imagine, l'administration eut hâte d'obéir. Les places furent augmentées, et l'on fit trois mille francs. Le directeur préleva cent écus; le reste fut pour la bénéficiaire.

Quand elle rend un service, elle en triple la valeur par le tact et la grâce qu'elle sait toujours unir à sa douce obligeance.

L'intérêt ne la guide point dans ses affections, bien différente en cela de beaucoup d'actrices qui dressent le tarif de leurs sourires et les font payer par la ruine.

On a cruellement affligé mademoiselle Déjazet toutes les fois qu'on a paru douter de sa délicatesse à cet égard.

Voyant un de ses plus chers adorateurs, le comte G..., se livrer à la frénésie du jeu et laisser chaque soir des sommes folles sur le tapis vert :

— Prenez garde, lui dit-elle, prenez

garde! ce n'est pas votre argent que vous perdez, c'est ma réputation.

Ceux qui connaissent cette loyale et franche nature, cette âme noble et généreuse, la défendent, comme nous, contre la calomnie.

Mademoiselle Déjazet donne tout ce qu'elle possède.

Elle est aujourd'hui sans fortune.

Sous sa robe d'actrice a toujours battu le cœur le plus compatissant, et nous pourrions dire le plus évangélique.

C'est la seconde sœur de charité de Béranger.

> Entrez, entrez, ô tendres femmes!
> Répond le portier des élus :
> La charité remplit vos âmes;
> Mon Dieu n'exige rien de plus.

On est admis dans son empire
Pourvu qu'on ait séché des pleurs,
Sous la couronne du martyre,
Ou sous des couronnes de fleurs.

On pourrait croire, en assistant aux pièces échevelées qu'on s'est plu, de tout temps, à créer pour mademoiselle Déjazet, que le caractère de la femme est en analogie avec ses rôles.

Il serait difficile de tomber dans une plus grave erreur.

Mademoiselle Déjazet est calme, rangée, méthodique. Sa maison est d'une tranquillité presque bourgeoise.

Devant le parterre seulement, et grâce à messieurs les auteurs, elle se comporte en bacchante, fume, jure et boit du champagne; mais à la ville tout change, n'en déplaise à ceux que le renseignement désillusionnera.

Déjazet, hors du théâtre, est gaie quelquefois, spirituelle souvent, décente toujours.

Elle est d'une sobriété de colombe et ne boit que de l'eau.

A aucune époque on ne l'a vue souper ni passer les nuits au bal.

Ses uniques débauches sont des débauches d'esprit. Elle a dans la réplique une finesse adorable, un à-propos ravissant.

Par malheur, le langage un peu libre usité dans les coulisses ne nous permet guère de reproduire, comme ils ont été dits, une foule de mots délicieux, auxquels nous ôterons beaucoup de charme en les traduisant dans un autre idiome, et avec les voiles obligés.

Un soir, au foyer des acteurs, Volnys parut, tenant un journal et donnant les signes d'une consternation profonde.

— Eh! qu'as-tu donc? demanda Déjazet.

Volnys lut à haute voix, sous la rubrique d'Autriche, un article annonçant que Marie-Louise venait de se remarier.

— Par exemple! voilà qui est fort!

Déjazet prit le journal, s'assura par ses propres yeux de l'authenticité de la nouvelle et s'écria :

— Quelle honte!... Après avoir été la femme de César!... Autrichienne, va!

Puis, se tournant vers ses camarades, qui partageaient son indignation :

— Si j'avais eu l'honneur, moi qui vous parle, ajouta-t-elle, de toucher une seule fois la main du grand homme, je n'aurais plus de ma vie lavé les miennes !

On sait que l'histoire a modifié la réponse de Cambronne à Waterloo, ce qui l'a rendue moins sublime [1].

On écrirait des volumes avec tous les

---

[1] Nous ne raconterons pas l'anecdote du *Jugement de Pâris* et de la *Feuille de Persil*. Beaucoup de personnes savent que le héros de cette anecdote est Lepeintre jeune ; ce gros homme d'un burlesque si achevé comme tournure, qu'en le voyant paraître la salle partait d'un éclat de rire olympien. Déjazet, dans le *Jugement de Pâris*, devait jouer le rôle de Vénus, et on destinait à Lepeintre jeune l'emploi de l'heureux berger, appelé à se prononcer sur les charmes des trois déesses.

mots fins et chatoyants que notre héroïne sème sur sa route. Jamais elle ne cherche un trait d'esprit : il tombe de ses lèvres comme une perle tombe d'un écrin entr'ouvert.

A l'époque où tous les théâtres venaient au secours des inondés de la Loire, Déjazet, non contente d'avoir joué au Palais-Royal pour cette bonne œuvre, concourut à la représentation donnée à l'Opéra.

Le rideau venait de tomber sur le dernier acte de *Guillaume Tell*.

Habillée pour la pièce qui allait suivre, l'actrice voulut voir s'il y avait beaucoup de spectateurs.

Comme elle regardait par un trou de la toile, un habitué de coulisses vint par derrière et lui prit la taille d'une façon inconvenante.

— Vous vous trompez, monsieur, dit-elle en se retournant : je ne suis pas de la maison.

Mademoiselle Déjazet ne se fâche point avec les insolents. Son esprit la venge beaucoup mieux que ne ferait la colère.

Elle arrive, un jour, à Marseille en chaise de poste. L'affiche du théâtre de cette ville annonce qu'elle jouera le soir même. Il n'y a pas une minute à perdre.

— Ah ! tant pis ! s'écrie-t-elle, il faut que je dîne. Je meurs de faim.

Lui servir à dîner dans une chambre à

part eût été trop long. Elle prend place à la table d'hôte déjà garnie de convives.

Tout le monde se lève pour saluer la célèbre artiste et lui faire accueil.

Elle se trouve à côté d'un commis voyageur, barbu et moustachu, qui la regarde tout d'abord avec un air très-suspect d'impertinence, rapproche son siége de façon à ne laisser entre elle et sa voisine que fort peu d'espace, et se met à lui dire, après le potage :

— Il y a longtemps que vous me connaissez, mademoiselle Déjazet.

— Moi? fit-elle toute surprise. Pardon!... Il me semble que je n'ai pas cet honneur.

— Oh ! que si ! Vous me connaissez le mieux du monde.

— En ce cas, monsieur, je suis forcée de vous croire. Soyez assez aimable pour me décliner votre nom.

L'homme aux moustaches, se penchant alors à l'oreille de l'actrice, murmure à demi-voix :

— Je m'appelle.....

Inutile de faire comprendre ici qu'il prononça un mot ignoble et grossier, comme quelques-uns de ces messieurs les commis voyageurs en ont dans leur vocabulaire.

Déjazet tressaille.

Le rouge lui monte au visage ; mais, se remettant presque aussitôt et regardant son interlocuteur avec un sang-froid plein de mépris :

— Vous étiez dans l'erreur, monsieur, lui dit-elle, et je ne vous connaissais que par votre petit nom, *Jean*. C'est vous qui venez de m'apprendre l'autre.

Les convives n'avaient entendu que moitié de la conversation ; mais la réponse de l'actrice laissait deviner ce qui avait pu se dire à voix basse.

On applaudit énergiquement mademoiselle Déjazet.

Son impudent voisin, poursuivi de huées et de sarcasmes, fut obligé de sortir de table.

Ici nous devons une confession à nos lecteurs.

Nous ne savions pas écrire, un jour, la biographie qui fait l'objet de ce petit livre. Désigné par un éditeur pour mettre en ordre les *Mémoires de Ninon de Lenclos*, publiés en ce moment dans une feuille parisienne, nous avions pris à tout hasard un des plus jolis mots de mademoiselle Déjazet pour le reporter deux cents ans plus haut dans l'histoire, et l'attribuer à la reine de la rue des Tournelles.

Ces deux femmes ont beaucoup de points de ressemblance. L'une a autant d'esprit qu'en avait l'autre. Ce que dit la première, la seconde jadis a pu le dire.

Là est notre excuse, et nous prions nos lecteurs de l'accepter.

Voici l'anecdote, où nous restituons à la Ninon moderne ce que nous lui avions pris pour le donner à l'ancienne.

Un de ces beaux-fils, auxquels la destinée semble n'avoir accordé un nom illustre que pour justifier les vers de Boileau :

> Et la postérité d'Alfane et de Bayard,
> Si ce n'est qu'une rosse, est vendue au hasard...

un de ces hommes, disons-nous, qui obligent le passé à rougir du présent, qui de débauches en débauches ont consommé leur ruine et vivent peut-être encore, à l'heure où nous écrivons, d'opprobre et de scandale, au lieu d'aller en Orient voir si leur main débile pourrait soutenir l'épée de leurs pères, un de ces indignes héritiers de l'honneur; un de ces transfuges de la gloire, s'embusqua, un beau jour, au coin d'une borne de la presse, et se mit à harceler de sa plume l'actrice du Palais-Royal.

Il désirait amener mademoiselle Déjazet à composition.

Dans quel but ?

C'est peut-être ce que pourrait nous apprendre une cantatrice du théâtre de Drury-Lane, à Londres.

Les femmes ont la fibre de l'amour-propre très-susceptible, et, d'ailleurs, elles ne possèdent contre ces lâches attaques aucun moyen de défense.

Mademoiselle Déjazet crut devoir se livrer à quelques démarches pour obtenir de la feuille hostile un peu plus d'aménité.

Son ennemi profita de l'occasion pour se présenter chez elle.

En face de l'actrice, il changea tout à coup de langage, laissant pressentir que sa conduite n'avait eu d'autre but que de provoquer une entrevue, afin de pouvoir dévoiler le sentiment profond qui lui avait envahi le cœur.

Il se disait très-probablement, en aparté, que l'affection d'une artiste aussi en vogue que mademoiselle Déjazet lui offrirait beaucoup de ressources.

Par malheur, celle-ci fit la sourde oreille.

Repoussé avec perte, le visiteur s'écria d'une voix plaintive, en essayant un dernier effort :

— Ah! mademoiselle, aurez-vous la cruauté de me laisser mourir d'amour?

— Je n'y puis rien, monsieur, je n'y puis absolument rien.

— Je vous en conjure, soyez compatissante! Vous me ferez au moins l'aumône d'un baiser?

— Non pas, non pas! dit l'actrice, j'ai mes pauvres.

Et ce mendiant d'un nouveau genre fut congédié sans rémission.

Voilà notre anecdote.

Maintenant que nous avons la conscience

en repos, revenons au Palais-Royal, où notre héroïne en est à ses débuts.

On peut dire de M. Dormeuil, l'heureux directeur de l'ex-théâtre Montansier, que la Fortune et mademoiselle Déjazet sont entrées chez lui en se tenant par la main. Elles ont fait là dix ou douze années de séjour ; puis l'actrice est sortie, mais sans remmener la Fortune.

L'histoire du Palais-Royal est une sorte d'épopée qui trouvera quelque jour son Homère.

Sur les pages de cette épopée, Déjazet, dans tout l'éclat de sa gloire et dans toute la force de son talent, ressemble à une reine. Devant elle se prosternent les auteurs, les journaux la comblent d'éloges et le public l'enivre d'adulations et d'hommages.

C'est l'actrice universelle ; tous les rôles vont à son génie, comme tous les costumes vont à sa taille.

Tour à tour grisette au sourire mutin, grande dame à l'œil fier, paysanne aux lestes allures, marquis impertinent, soldat querelleur, collégien timide, étudiant aux folles mœurs, fils de famille échappé courant les tripots et le guilledou, elle prend tous les masques, elle se plie à toutes les formes, elle parle tous les jargons, elle éblouit le regard par mille métamorphoses.

Protée charmant, elle change de visage à sa guise et compose à elle seule un musée complet, une galerie de portraits historiques.

Voltaire, Jean-Jacques Rousseau, Bonaparte, Henri IV, Ninon, la Champmêlé, madame Favart, Sophie Arnould, hommes ou femmes, peu lui importe. Ressemblance de figure ou ressemblance de caractère, rien ne lui coûte, rien ne lui est impossible dans le domaine de son art. Elle marche de prodiges en prodiges, ne laissant jamais reposer l'admiration et faisant crouler, chaque soir, la salle sous les bravos [1].

[1] La femme qui a sur le public une telle puissance est soumise elle-même, quand elle se trouve dans la salle, à toute l'impression causée par le jeu des acteurs. Elle rit, elle s'émeut, elle verse des larmes absolument comme une bourgeoise de la rue Quincampoix; elle

A aucune époque, ni sur aucun théâtre, jamais actrice n'a fredonné le couplet d'une manière plus piquante.

Mademoiselle Déjazet a un fils, excellent musicien, qui lui disait un jour :

« Ma mère, tu chantes faux avec une justesse exquise. »

Il est impossible de définir avec plus d'exactitude ce chant étrange, qui est tout entier dans l'accentuation, dans le mouvement des lèvres, et, pour ainsi dire, dans le geste et dans le coup d'œil. Déjazet se

crierait volontiers : « La toile ! » quand l'entr'acte lui semble trop long. Nous avons vu mademoiselle Déjazet à un théâtre de marionnettes : elle s'amusait au possible.

rit de la valeur de la note, comme de l'archet de l'orchestre, pourvu qu'elle vous insinue délicatement l'esprit du vers et que la pointe finale vous émoustille.

On lui a fait répéter jusqu'à trois fois le couplet qui termine *Sophie Arnould*[1].

>Que la mémoire de Sophie,
>Ce soir, vous rende généreux.
>Vous le savez, bonne et jolie,
>Elle n'a fait que des heureux.
>Moi, j'observe un peu sa morale,
>Et mon succès sera complet
>Si, par bonheur, j'ai dans la salle
>Autant d'amis qu'elle en avait.

L'aimable actrice, en gazouillant ces rimes, lançait au parterre certain regard fripon, d'un éclat si provoquant, que l'enthousiasme ne finissait plus.

[1] Pièce de MM. Dumanoir, de Forges et Leuven.

Dans le *Triolet bleu*, Déjazet fuma pour la première fois un cigare en compagnie de mesdames Lemesnil et Pernon.

Nos souvenirs nous font légèrement défaut ; toutefois nous croyons que ce fut dans la pièce du *Triolet bleu* que nous avons été témoin du bizarre incident que voici.

Trois ou quatre acteurs sont en scène au Palais-Royal.

Ils suspendent tout à coup le dialogue, inquiets, effarés, ne sachant plus que dire.

Déjazet manquait son entrée.

Le public surpris gronde sourdement. Une minute se passe ; on ne voit point l'actrice paraître.

Aux murmures succèdent les clameurs.

« Elle viendra ! Elle ne viendra pas ! »

Les cris sont effrayants, on brise les banquettes, et les acteurs désertent la scène, probablement pour se mettre à la recherche de leur camarade ; mais on a beau les attendre, ils ne ramènent pas Déjazet.

Enfin elle arrive tranquillement au milieu d'un véritable orage, le cigare aux lèvres et l'œil moqueur.

On siffle.

Déjazet ne s'émeut en aucune façon, s'approche de la rampe, fixe hardiment le public et semble lui demander compte de ce bruit incongru, qui pour la première fois frappe son oreille.

Les sifflets redoublent.

Intrépide et calme, elle envoie des bouffées de tabac aux siffleurs, se tournant tantôt d'un côté, tantôt de l'autre, selon que la tempête grondait à droite ou devenait plus violente à gauche.

Cette lutte terrible dura dix minutes.

Fatigué de siffler, le public, par une de ces brusques transitions qui se remarquent parfois au théâtre, admire le sang-froid de l'actrice, et se prend à l'applaudir avec autant de frénésie qu'il en montrait tout à l'heure à lui exprimer son mécontentement.

Le silence se rétablit peu à peu.

— Me permet-on de me justifier? dit mademoiselle Déjazet, fumant toujours.

— Oui, oui ! parlez, expliquez-vous !

— Eh bien, messieurs, la clef de ma loge s'est trouvée perdue. On s'est hâté de courir chez le serrurier voisin. Personne. Il a fallu en chercher un autre. Le temps s'est écoulé, la pièce marchait et, décemment, je n'ai pu me rendre ici qu'entièrement vêtue.

— Bravo! bravo! cria le public.

Il acheva de casser les banquettes en signe de satisfaction. Jamais l'actrice ne fut plus applaudie que ce soir-là.

Les principales créations de mademoiselle Déjazet au Palais-Royal, outre celles que nous avons déjà citées, sont : *La Ferme*

Bondy, — *Indiana et Charlemagne,
la Comtesse du Tonneau,* — *Nanon,*
— *Suzanne,* — *Vert-Vert,* — *la Maîtresse de langues,* — *le Philtre champenois,* — *les Beignets à la Cour,* — *Sous clef,* — *le Café des Comédiens,* — *Judith,*
— *Un Scandale,* — *Richelieu,* — *Létorière,* etc.

Nous en pourrions citer vingt autres[1].

On croyait l'actrice à bout de triomphes, quand une nouvelle mine de gloire fût découverte. L'idée vint à quelques auteurs de mettre en action les chansons de Béranger.

Rarement inspiration fut plus heureuse.

[1] Le soir de chaque première représentation, mademoiselle Déjazet prenait un bain russe. Elle entrait en scène, vive comme une anguille et fraîche comme une rose.

Le public courut admirer Déjazet dans ses nouveaux rôles.

C'était bien la femme de Béranger par excellence, la grisette à la fine désinvolture, à la robe hardiment retroussée, au langage pittoresque, aux mœurs faciles.

Frétillon fit gagner plus de trois cent mille francs à la caisse, déjà raisonnablement gonflée, de M. Dormeuil[1].

Vint ensuite la *Marquise de Prétintaille*. Une fois sur le chemin du suc-

---

[1] Les directeurs de théâtre, il faut le dire, sont en général peu intelligents. Il est rare qu'ils pressentent un succès; on est presque toujours obligé de le leur imposer de vive force. *Frétillon* resta deux années entières dans les cartons de M. Dormeuil, malgré les instances réitérées de ses pensionnaires pour jouer ce rôle. Bayard, auteur de la pièce, avait fini par la considérer comme un *ours*. Elle eut 200 représentations.

cès, notre pétulante actrice ne s'arrêtait plus.

En parlant tout à l'heure de *la Ferme de Bondy*, nous avons oublié de dire que Levassor fit ses premières armes dans cette pièce.

Il était auparavant commis de nouveautés, et continuait de vendre des foulards à ses camarades entre deux répétitions.

Les bravos qu'il sut conquérir, aux côtés de Déjazet, dans le rôle du paysan jaloux, le décidèrent à renoncer tout à fait au commerce pour ne plus s'occuper que de son art.

Mademoiselle Déjazet, pendant les deux mois de congé que lui accordait à regret M. Dormeuil, allait jouer son répertoire en province.

Le directeur du théâtre de Caen venait de l'engager pour six représentations.

C'était un habile homme, qui s'empressa d'annoncer aux Bas-Normands, à grand renfort d'affiches et de réclames, tout le plaisir qui leur était réservé.

Or, ce manége déplaisait fort au curé de la principale paroisse de la ville.

Pour arrêter l'effet pernicieux des promesses de la direction, et empêcher ses ouailles d'aller au théâtre, il se mit à déclamer au prône contre l'actrice attendue, disant que c'était une fille du démon, créée pour la perte des âmes, et qu'elle se montrait sur les planches dans un état de nudité révoltant.

Beaucoup de personnes de l'auditoire se

promirent d'aller par eux-mêmes s'assurer du fait.

Affiches et sermon, tout cela jetait un grand trouble dans une ville ordinairement paisible.

Le pouvoir municipal tenait à rester en bons termes avec l'Église, et, lorsque Déjazet arriva, M. le maire de Caen demanda la permission de lui présenter ses civilités à l'hôtel où elle venait de descendre.

Déjazet la lui accorda sur-le-champ.

— Mon Dieu, mademoiselle, commença le digne administrateur, je suis fort embarrassé pour vous exprimer la nature de mes craintes. Il y a des gens ici qui s'imaginent, qui soutiennent même... En vérité, je n'ose trop vous dire cela !

— Qu'est-ce donc? fit l'actrice inquiète. Serait-ce quelque chose de grave?

— De très-grave, mademoiselle.

— Vous m'effrayez. Ne me laissez pas dans l'incertitude, je vous prie.

— Rassurez-vous. Qnand je dis très-grave, je me trompe. Pour nous autres hommes, vous comprenez, cela n'a rien qui nous intimide... au contraire... mais nos femmes, diable! Elles sont dévotes et susceptibles.

— Il paraît, monsieur le maire, que vous désirez savoir si je devine facilement les énigmes? dit l'actrice en souriant.

— C'est juste, je ne vous ai pas encore expliqué... Ma foi, je me risque! Il paraît, mademoiselle, que vous jouez *Frétillon*, à Paris, sans le moindre vêtement.

— Qui a pu dire cela?

— Notre curé lui-même.

— Est-ce qu'il m'a vue?

— Peut-être bien, car tout son sermon de dimanche a roulé sur vous. Il doit être certain de la chose. Dans la capitale, je le conçois, ces petites excentricités se tolèrent; mais en Normandie... Bref, vous seriez bien aimable d'y mettre de l'obligeance, et de jouer le rôle... c'est-à-dire, de ne pas le jouer toute nue, comme à Paris.

— Certainement, monsieur le maire, comment donc? Je vous jure, avant d'entrer en scène, de passer pour le moins une chemise.

Le magistrat sortit, enchanté de la promesse, et laissant Déjazet riant aux larmes.

On devine qu'elle s'habilla tout à fait comme au Palais-Royal.

Les auditeurs du prône, instruits de l'intervention de la municipalité dans cette question de garde-robe, se plaignirent à haute voix et trouvèrent qu'on avait exagéré la décence.

Au bout de six représentations, mademoiselle Déjazet fit ses adieux aux Bas-Normands et se dirigea sur Lille.

De pénibles souvenirs agitaient sa mémoire, à l'aspect des murs de l'ancienne cité flamande.

Elle savait qu'un malheureux jeune homme, trois années auparavant, dans cette même ville, s'était suicidé pour elle.

Frère d'un ex-musicien du Palais-Royal, aujourd'hui à l'orchestre de l'Opéra-Comique, il était venu à Paris, âgé de dix-neuf ans à peine, l'âme ouverte à toutes les illusions, à tous les rêves.

Voyant la charmante actrice, il s'éprit tout d'abord d'un amour insensé.

Déjazet n'était pas libre.

Honnête et fidèle dans ses affections, elle essaya de faire comprendre à ce pauvre enfant l'impossibilité de ses espérances, la folie de sa passion. Elle lui offrit une amitié sincère, et crut lui avoir guéri le cœur.

Hélas! il n'en était rien!

Il disparut un jour, essayant d'aller chercher l'oubli au fond de sa province; mais il n'y trouva que le désespoir, et ne put endormir son amour que dans les bras de la mort.

Déjazet le pleura de toutes ses larmes.

Jamais rien ne lui avait fait prévoir un dénoûment aussi lugubre, et l'on s'explique sans peine la tristesse de ses souvenirs.

A son arrivée à Lille, elle se fit conduire au cimetière. On lui indiqua la tombe de l'infortuné jeune homme.

Le spectacle qui s'offrit à ses yeux lui serra le cœur.

Cette tombe était complétement abandonnée. Des ronces entouraient la balustrade. Une simple croix de bois, à l'épitaphe brisée, disparaissait sous les hautes herbes.

Déjazet se tourna vers le fossoyeur, qu'elle avait pris pour guide.

— Il n'a donc plus personne qui songe à lui? murmura-t-elle.

Cet homme ne répondit pas et secoua tristement la tête.

Son geste voulait dire :

« Hélas! quand nous ne serons plus, chacun aussi nous oubliera ! »

L'actrice lui mit une bourse entre les mains, et, deux jours après, tout était changé dans ce lieu de désolation. On avait coupé les herbes, arraché les ronces. Des ifs se dressaient aux quatre coins de la balustrade, et la croix de bois était remplacée par un mausolée en marbre noir.

— Que faudra-t-il écrire là-dessus, mademoiselle? demanda le fossoyeur.

L'actrice déchira une page de son carnet. Sur cette page, elle traça ces mots, qu'elle remit au gardien de la tombe :

A FRANCHOME

UNE AMIE EST PASSÉE PAR LA.

Mademoiselle Déjazet a un cœur d'or. Les qualités les plus précieuses, les sentiments les plus élevés, la bienveillance la plus noble et la plus absolue forment sa nature.

Elle possède à elle seule tous les élans généreux, tous les instincts délicats de la femme.

Jamais elle ne s'est déshonorée par des

jalousies mesquines, par des intrigues malveillantes. On l'a vue protéger sans cesse le talent qui commençait à naître et lui aplanir les obstacles nombreux dressés dans la carrière.

Déjazet a deviné Rachel.

L'actrice du Palais-Royal comprit tout ce qu'il y avait de ressources dramatiques dans ce large cerveau. Elle usa de son influence et de celle de ses amis pour accélérer les débuts de la sublime juive.

Hermione reconnaissante, mais encore dépourvue d'orthographe, lui envoya ses remercîments avec cette suscription :

« A la *meilleur* des femmes. »

Et Rachel ici n'est que l'écho de tous ceux qui ont connu notre héroïne.

Fille pieuse et dévouée, mademoiselle Déjazet n'a jamais voulu quitter sa mère. La bonne femme habitait, rue Montpensier, n° 20, un appartement au-dessous de l'appartement de l'actrice, mieux soigné, plus confortable, et où se trouvaient réunies toutes les douceurs, toutes les aises de l'existence.

Elle mourut à un âge très-avancé, appelant sur la tête de sa chère Virginie toutes les bénédictions dues à l'amour filial [1].

On peut dire de mademoiselle Déjazet que jamais homme ne fut admis à lui baiser la main sans posséder d'avance toute sa tendresse.

[1] Après la mort de sa mère, mademoiselle Déjazet alla demeurer au passage Saulnier, où elle est encore. C'est là que tous ses vieux amis vont la voir. Béranger surtout ne lui épargne pas ses visites.

Constamment elle a pris l'amour au sérieux ; c'était sa religion, c'était son culte.

Ses camarades du Palais-Royal racontent qu'elle descendait parfois en costume, pendant un entr'acte, montait en voiture et se faisait conduire, ventre à terre, aux coulisses de la Gaîté, pour y presser la main d'un ami de cœur.

C'était un jeune artiste, un confrère [1].

Un soir qu'il était libre, elle lui dit :

---

[1] A une époque où les ducs et les marquis mettaient leur fortune aux pieds de mademoiselle Déjazet, on aime à lui voir cette candide affection, ce sentiment tendre et désintéressé. Le second héros de cette liaison obtient aujourd'hui dans une pièce à retentissement un beau et légitime succès. Nous lui avons entendu déclarer qu'il doit son avenir aux conseils et à la noble amitié de l'actrice, et qu'aujourd'hui encore il est prêt à donner sa vie pour elle. Il y avait là vingt personnes. C'était en plein foyer de théâtre. Peu de femmes inspirent une semblable reconnaissance.

— Nous avons deux pièces nouvelles, *Un Scandale* et les *Beignets à la cour*. Viens me voir dans les *Beignets*; mais je te défends de rester à *Un Scandale*. Ils me font là dedans ce que je ne suis pas. Tu aurais mauvaise opinion de moi.

Il obéit scrupuleusement. Déjazet lui demanda, le lendemain :

— Comment m'as-tu trouvée ?

— Divine !

— Bien sûr ?

— Ravissante ! J'envie le sort de ceux qui soupent avec le roi Louis XV.

— Ah ! fit-elle, devenant rêveuse.

— Qu'as-tu donc ? demanda l'ami.

— Rien... C'est-à-dire... Je réfléchissais justement que je dois souper, ce soir, avec quelqu'un.

— Chez toi ?

— Chez moi. Tu auras soin de ne venir qu'à minuit.

— Par exemple !

— Ah ! point de réplique. Il le faut.

— Elle disparut, le laissant confondu de surprise et rongé par toutes les angoisses du soupçon.

Les habitants de la rue Montpensier virent, à onze heures moins quelques minutes du soir, un individu, couvert d'un manteau, se dissimuler sous l'angle sombre d'une porte. Il attendait la sortie de mademoiselle Déjazet du théâtre, et murmurait entre ses dents :

— Si elle rentre en compagnie d'un homme, malheur ! Cet homme, je le tue.

Des pas légers se firent entendre sur le

trottoir. Il s'effaça plus encore dans l'ombre et vit passer l'actrice à quelque distance.

Déjazet était seule. Elle portait un paquet sous le bras.

Peu de secondes après, elle eut gagné son domicile.

— Malédiction ! cria le personnage au manteau. Je n'y songeais pas... Il est chez elle, sans doute, à l'attendre?...

Onze heures sonnaient à l'horloge du Palais-Royal.

Il monta les deux étages de l'actrice et pénétra dans l'appartement, dont il avait une clef.

La femme de chambre voulut s'opposer à son passage.

— On n'entre pas, dit-elle.

— Silence!... Où est l'homme qui soupe ici?

— Je ne sais pas si on soupe.

— Tu ne le sais que trop, malheureuse!... Arrière!

Il la poussa rudement.

La femme de chambre se réfugia dans le boudoir de sa maîtresse.

Notre jeune artiste, — car le lecteur devine que c'est lui, — ferma la porte d'entrée à double tour et mit la clef dans sa poche.

— Maintenant, s'il m'échappe, nous le verrons bien, gronda-t-il d'une voix sourde.

Il entra dans la salle à manger et la trouva tout étincelante d'illuminations.

La table, servie en vaisselle plate, était couverte de splendides cristaux de Bohême et garnie de fleurs. On ne voyait que deux couverts.

— Ah ! traîtresse ! murmura l'artiste de plus en plus furieux.

Il courut au boudoir, dont la femme de chambre avait tiré le verrou.

— C'est moi ! cria-t-il avec un accent terrible. Ouvrez !

— Non, je n'ouvre pas, répondit Déjazet d'une voix calme. Qui vous a permis de venir sitôt ?

— Cela vous gêne, madame !

— En aucune sorte. Vous attendrez, voilà tout.

Un quart d'heure s'écoula.

Le malheureux artiste atteignait le paroxysme de la rage. Il essayait, à tout hasard, la pointe d'un couteau catalan dont il s'était muni.

Tout à coup le boudoir s'ouvre.

Il se dresse, l'œil enflammé, la bouche frémissante, le couteau à la main, comme le Maure de Venise à l'approche de Desdemona.

La femme de chambre sort la première. Elle tient un candélabre à six branches et crie de toutes ses forces :

— Le roi !

Déjazet la suit, portant son joli costume des *Beignets à la cour.*

Adressant à l'artiste déconcerté le plus majestueux de tous les saluts, elle lui dit :

— Vous n'envierez plus, j'espère, le sort de ceux qui soupent avec le roi

Louis XV, puisque vous allez avoir cet honneur... Allons, à table, vilain jaloux ! Viens t'asseoir !

Elle l'embrassa gaiement, et le drame n'eut pas de suite.

Toutes ces anecdotes, d'une authenticité incontestable, réussissent beaucoup mieux à peindre la femme que les études approfondies auxquelles nous pourrions nous livrer sur son caractère.

Mieux vaut, selon nous, faire vivre l'histoire et la dramatiser, quand la chose est possible, au moyen de données certaines, que de l'exposer à la forme languissante du récit. Voilà, du moins, notre système ; c'est au lecteur à juger si nous avons tort.

En 1838, mademoiselle Déjazet fut menacée d'une maladie de larynx.

On était en train de répéter les *Premières armes de Richelieu*.

Ne voulant pas que son indisposition causât le moindre retard à la pièce, elle fit appeler le docteur Brumnehr, qui lui dit :

— Allez toujours ! je réponds de vous.

Mais la direction avait peur ; mais Bayard, le père de la pièce, tremblait pour son enfant.

Déjazet malade, Déjazet menacée de ne plus chanter ! Que deviendront les couplets ? Combien de milliers d'écus va perdre la caisse de M. Dormeuil ? Il est temps de se mettre à la recherche de quelque sujet aussi éveillé, plus jeune et mieux portant. Virginie n'a plus le même entrain, la même verve; elle est loin d'exciter chez le public le même enthousiasme. Aux répétitions, voyez plutôt, elle manque les effets; elle n'a plus le feu sacré. C'est une actrice en décadence; c'est un talent qui meurt!

Quelques-uns de ces jolis propos revenaient aux oreilles de l'actrice; elle en était blessée jusqu'au fond de l'âme.

Mais sa faible nature de femme a des ressorts d'airain.

Toutes ces préventions, filles de l'intérêt et de l'égoïsme, elle jura de les dissiper; tous ces doutes injurieux exprimés sans vergogne, elle annonça qu'ils se changeraient en un concert d'éloges.

— Vous verrez, disait-elle, vous verrez!

le soir de la première, Dormeuil et Bayard seront à mes genoux.

La chose arriva comme elle l'avait prédit.

Personne n'ignore que le rôle de Richelieu est une des plus magnifiques créations de mademoiselle Déjazet.

— Ce pauvre Dormeuil! dit-elle en frappant sur l'épaule du directeur, qui accourait, à la fin de la pièce, lui adresser de chaudes félicitations, le voilà forcé de gagner encore trois ou quatre cent mille francs avec sa vieille actrice!

Elle lui gardait rancune et n'avait pas tort.

Bientôt les Variétés réussirent à enlever mademoiselle Déjazet au Palais-Royal.

Frétillon partit, chargée du bagage énorme de son répertoire. Le public, moins ingrat que les directeurs et plus judicieux que les auteurs, la suivit à son nouveau théâtre.

Elle y créa *Gentil-Bernard, Colombine* et le *Moulin à paroles*¹.

Puis le Vaudeville, à son tour, se souvenant des succès obtenus sur la scène des Nouveautés, engagea l'actrice. Il ne fut pas

¹ Le soir de la représentation de cette dernière pièce, M. Gabriel, un des auteurs, est accosté par M. Bayard, qui lui dit : — Ce n'est pas un rôle de femme que tu as donné à Déjazet? — Si, mon cher, c'est un rôle de femme. — Alors Dupeuty et toi, vous êtes fous! La pièce est perdue... — Pourquoi cela ? — Parce que Déjazet ne peut plus jouer que les rôles d'homme. — Ah! tu crois? Eh bien, voici ma dernière place d'orchestre; je te la donne. Tu seras en face de Virginie, et tu m'en diras des nouvelles. Bayard accepta. Il revint au bout d'une heure et cria du plus loin qu'il aperçut l'auteur du *Moulin à paroles* : — Délicieuse, mon cher! adorable! Je viens de lui porter dans sa loge un bouquet de 25 francs. — Scélérat! fit Gabriel : il paraît que tu as changé d'avis.

heureux. Frétillon ne trouva là que des rôles absurdes, faux, guindés, indignes de son génie et de sa verve. La *Douairière* seule amena quelques recettes.

Nous avons vu Déjazet, dans ces derniers temps, rentrer aux Variétés, où elle joua les *Trois Gamins*, de MM. Clairville et Vanderburk.

On eût donné tout au plus aux gamins douze ou treize ans; mais la pièce en avait soixante.

Ici, peut-être, on nous fera observer que nous n'avons pas dit l'âge de notre héroïne, et qu'un biographe consciencieux ne manque point ainsi à ses devoirs. Nous reconnaissons la justesse de l'observation. Par malheur, l'acte de naissance de l'actrice n'est pas entre nos mains. Toutefois, à la première vue, nous pourrions dire qu'elle entre dans sa dix-huitième ou dix-neuvième année.

Quelle folie ! s'écriera-t-on. Tout à l'heure, au commencement de ce livre, vous parliez du Directoire.

Sans doute. Alors, si vous calculez, pourquoi nous interrogez-vous ?

Déjazet vous apprendra son âge, le jour où Ninon de Lenclos a bien voulu l'apprendre à l'abbé Gédoyn. C'était un jeune prestolet fringant, musqué, grand amateur du sexe. Il se montrait curieux comme vous et cherchait à tout savoir. Ninon lui dit :

« Monsieur, j'ai quatre-vingts ans. »

Or, Ninon ne mentait pas, et l'abbé Gédoyn était à ses genoux !

Mademoiselle Déjazet, nous pouvons le certifier, sera de la même force.

Elle parcourt aujourd'hui la province et moissonne des bravos dans les principales villes de France. Le pays tout entier la connaît, l'aime et l'accueille avec ivresse.

Jeune, légère, frétillante comme elle était à ses plus beaux jours, on lui retrouve le même œil mutin, le même geste, le même sourire. Elle a conservé son timbre de voix sonore, sa jambe fine, ses allures mignonnes, et ce merveilleux talent, qu'elle seule possède jusqu'ici, de jeter par-dessus la rampe un mot grivois, sans éveiller une susceptibilité, sans blesser en rien la fibre si délicate de la pudeur publique.

Avec mademoiselle Déjazet et Béranger

s'éteindront les derniers échos de la gaieté française.

On ne rit plus, on ne chante plus, on n'aime plus de nos jours.

Des grisettes étiolées mettent sur nos théâtres la phthisie à la mode. Elles s'attendrissent devant les fleurs et les constellations, prennent la pose mélancolique d'un ange exilé, mangent des soupirs, boivent des larmes et font bâiller le parterre.

A nous, Frétillon!

Guerre aux bégueules! Prends ta marotte et casse-la sur le nez de ces donzelles larmoyantes! Dis à leurs pâles adorateurs d'aller au plus vite les courtiser chez les ombres, et rends-nous la joie, le fou rire et les chansons!

FIN.

NOTE SUR L'AUTOGRAPHE

On pense que l'extrait ci-contre provient d'une lettre écrite à M. Bayard. La ridicule manie des enveloppes, dont personne n'est exempt de nos jours, sera cause que, dans cinquante ans, il sera impossible de dater et de classer les correspondances curieuses

...chez que votre pièce
passe que Vendredi
mon Dîner. remis à
... M. préviennent
... d'aller voir...
... petite pièce
... promet une vent...
... à mon coeur et
... esprit.
attendant, je n'o...
... la m... d... t...
force de ma vieill...
...té. Cela doit vou...

ÉDITION DE LUXE

Souscription à 5 centimes la Livraison

MÉMOIRES

DE

NINON DE LENCLOS

PAR

EUGÈNE DE MIRECOURT

Auteur des *Confessions de Marion Delorme*

Précédées d'un

COUP D'ŒIL SUR LE RÈGNE DE LOUIS XIV

PAR MÉRY

Cette nouvelle édition, que nous publions en 240 livraisons à 5 centimes, formera 2 magnifiques volumes grand in-8 de 480 pages chacun, imprimés sur papier jésus; 36 GRAVURES sur bois et sur acier illustreront cet ouvrage.

PRIX DE L'OUVRAGE COMPLET :

2 volumes grand in-8 jésus, illustrés par J.-A. BEAUCÉ, 12 francs.

On souscrit à Paris

CHEZ GUSTAVE HAVARD, LIBRAIRE-ÉDITEUR

19, boulevard de Sébastopol (rive gauche)
et rue de la Harpe.

ÉDITION DE LUXE

Souscription à 5 centimes la Livraiso

CONFESSIONS
DE
MARION DELORME

PAR

EUGÈNE DE MIRECOURT

Auteur des *Mémoires de Ninon de Lenclos*

Précédées d'un

COUP D'ŒIL SUR LE RÈGNE DE LOUIS XIII

PAR MÉRY

Cette cinquième édition, que nous publions en 240 livraisons à 5 centimes, formera 2 magnifiques volumes grand in-8 de 480 pages chacun, imprimés sur papier jésus; 36 GRAVURES sur bois et sur acier illustreront cet ouvrage.

PRIX DE L'OUVRAGE COMPLET :

2 volumes grand in-8 jésus, illustrés par J.-A. BEAUCÉ, 12 francs.

On souscrit à Paris

Chez GUSTAVE HAVARD, Libraire-Éditeur
19, boulevard de Sébastopol (rive gauche)
et rue de la Harpe.

25e. livraison — ÉDITION DE BIBLIOTHÈQUE — Chaque vol. : 5 fr.

OEUVRES COMPLÈTES
DE
VICTOR HUGO

19 VOL. IN-8 PAPIER CAVALIER VÉLIN

ÉDITION DE LUXE

ORNÉE DE 100 GRAVURES SUR ACIER ET SUR BOIS

D'APRÈS

Johannot, Gavarni, Raffet, A. Beaucé, etc.

ET D'UN BEAU PORTRAIT DE L'AUTEUR

Prospectus

L'initiative du mouvement littéraire appartient encore à Victor Hugo.

Celui que Chateaubriand avait baptisé du nom d'enfant sublime reste le poëte le plus incontesté, l'artiste le plus original de notre temps. Lyrique, dramatique, archéologue, orateur, il est toujours lui-même; son génie ne perd pas dans la variété la force de l'empreinte : c'est toujours la même puissance d'inspiration, la même vigueur de tempérament.

Quoique le succès des *Contemplations* nous interdise d'assigner une limite à son œuvre, le moment semble venu de la présenter dans son ensemble, pour en faire mieux juger et admirer les proportions.

Aussi n'avons-nous rien négligé pour que cette édition répondît à la renommée de l'auteur et à l'empressement du public.

Cette nouvelle édition des œuvres complètes de Victor Hugo comprendra, outre toutes les œuvres contenues dans l'édition Furne de 1841, toutes celles parues en France depuis cette époque et dont le détail est ci-contre. La tomaison par genre d'ouvrages que nous adoptons permettra d'ajouter successivement les nouveaux ouvrages de l'auteur, à mesure qu'ils se produiront.

CONDITIONS DE LA SOUSCRIPTION

L'ouvrage formera 19 volumes in-8° papier cavalier vélin, imprimés en caractères neufs. L'édition sera ornée d'un portrait de l'auteur et de 100 vignettes, gravées sur acier et sur bois d'après GAVARNI, JOHANNOT, RAFFET, BEAUCÉ, etc. Elle sera publiée en 380 livraisons, composées de 16 pages avec gravures ou de 24 à 32 sans gravures.

PRIX DE CHAQUE LIVRAISON : 25 CENT.

Il paraît une ou deux livraisons par semaine.

ON SOUSCRIT AUSSI PAR VOLUMES BROCHÉS AVEC GRAVURES

PRIX DE CHAQUE VOLUME : 6 FR.

Il paraît un volume par mois.

ON SOUSCRIT A PARIS

CHEZ **ALEXANDRE HOUSSIAUX**, ÉDITEUR

RUE DU JARDINET-SAINT-ANDRÉ-DES-ARTS, 3

GUSTAVE HAVARD, LIBRAIRE, RUE GUÉNÉGAUD, 15

Et chez tous les libraires de Paris et des départements

CONTENU DE L'ÉDITION

POÉSIE

TOME I
Odes et Ballades.

TOME II
Les Orientales.

TOME III
Les Feuilles d'Automne.
Les Chants du Crépuscule.

TOME IV
Les Voix intérieures.
Les Rayons et les Ombres.

TOMES V ET VI
Les Contemplations.

ROMAN

TOME I
Han d'Islande.

TOME II
Bug-Jargal.
Dernier Jour d'un Condamné.
Claude Gueux.

TOMES III ET IV
Notre-Dame de Paris.

DRAME

TOME I
Cromwell.

TOME II
Hernani.
Marion Delorme.
Le Roi s'amuse.

TOME III
Lucrèce Borgia.
Marie Tudor.
Angelo.

TOME IV
Ruy Blas.
Les Burgraves.
La Esméralda.

ŒUVRES DIVERSES

TOME I
Littérature et Philosophie.

TOMES II, III ET IV
Le Rhin.
Lettres à un Ami.

TOME V
Œuvres oratoires 1840-1850.

Le prix de 5 fr. le volume n'est que pour les souscripteurs à cette nouvelle édition. Les *Œuvres oratoires* et les *Contemplations*, formant trois volumes, qui paraîtront dans le cours de la Souscription, et qui sont le complément de l'édition Furne en 16 volumes, — se vendront, les trois volumes ensemble, au prix de 18 fr.

www.ingramcontent.com/pod-product-compliance
Lightning Source LLC
LaVergne TN
LVHW050643090426
835512LV00007B/1009